Wer gerne nascht...

...der sollte auch selbst backen. Denn es macht einfach Spaß, abzuwiegen, zu rühren, zu dekorieren – und die Rührschüssel auszuschlecken. Am Ende stehst du vor dem fertigen Werk, riechst den Duft von frischem Gebäck und kannst dir auf die Schulter klopfen: selbst gebacken! Und es ist nicht nur zum selber Essen da: So ein Kuchen ist ein Super-Geschenk für liebe Leute. Oder der Anlass für eine Kuchenparty...

Schoko-Bananen-Kuchen

Fast so verrückt wie im Kino und super lecker mit der Crunchy-Karamel-Kruste.

Cool

Für 10 Stück brauchst du:
100 g Nussnougat-Creme (aus dem Glas)
100 g weiche Butter oder Margarine
100 g Zucker
2 Eier
250 g Mehl
2 EL Kakaopulver
2 TL Backpulver
200 ml Milch
1 große, gerade Banane
100 g Bananenchips
Für den Guss:
80 g Zucker
2 große Löffel Honig
100 g Sahne
30 g Cornflakes

So lange brauchst du: 40 Minuten Arbeitszeit, 40 Minuten Backzeit (bei einer normalen Form 50 Minuten)

Arbeitsgeräte extra: 1 Lurch-Kastenform (1 l Inhalt)

Heize den Backofen auf 180° vor und stelle die Nussnougat-Creme zum Erwärmen für einige Minuten in den Ofen. Stelle die Backform auf das kalte Backblech.

Schlage Fett, Nussnougat-Creme und Zucker cremig, rühre dann die Eier unter. Mische Mehl, Kakao und Backpulver, gib dies mit der Milch nach und nach dazu und verrühre alles zu einem Teig. Zerkleinere die Bananenchips und rühre sie unter.

Verteile die Hälfte vom Teig in der Form. Schäle die Banane und lege sie in die Mitte der Form, bevor du den restlichen Teig einfüllst.

Schiebe das Blech mit der Form in den Ofen (Mitte) und backe den Kuchen etwa 40 Minuten. Nimm ihn dann heraus (Achtung! Auch diese Form wird richtig heiß!) und lass ihn abkühlen, bevor du ihn stürzt.

Schmelze für den Guss Zucker mit Honig in einer Pfanne, bis er braun wird (Vorsicht, heiß!!!), gieß Sahne dazu und koche alles bei mittlerer Hitze dick ein. Rühre vorsichtig die Cornflakes unter und verteile den Guss auf dem Kuchen.

Beerenfisch

Mit selbst gemachten Schablonen kannst du einen ganzen Zoo backen von Kamel bis Känguru.

Sieht toll aus

Für 1 Fisch brauchst du:
3 Eier
80 g Butter oder Margarine
125 g Zucker
200 g Mehl
1 kleinen Löffel Backpulver
500 g Johannisbeeren
50 g gemahlene Haselnüsse
100 g Puderzucker

So lange brauchst du: 35 Minuten, Arbeitszeit, 30 Minuten Backzeit

Arbeitsgeräte extra:
Backpapier, Spritzbeutel

Du kannst den Johannisbeerkuchen auch als ganzen Blechkuchen backen. Nimm einfach die doppelte Menge Zutaten.

1

Trenne die Eier in Eigelbe und Eiweiße. Verrühre das Fett mit 50 g Zucker, schlage dann die Eigelbe unter. Mische Mehl mit Backpulver und rühre es dazu. Forme den Teig zu einer Kugel und stelle ihn in den Kühlschrank.

2

Heize den Backofen auf 180° vor. Putze die Johannisbeeren und mische sie mit dem restlichen Zucker.

3

Schneide Backpapier in der Größe des Backblechs aus. Leg es auf die Arbeitsfläche, rolle den Teig darauf aus und hebe das Papier aufs Blech. Schneide mit einem Messer einen Fisch zu. Steche den Fisch mehrmals mit einer Gabel ein. Forme aus dem Teigrest eine Rolle und lege sie als Rand um den Fisch, fest andrücken.

4

Gib erst die Haselnüsse, dann die Johannisbeeren auf den Teigboden. Schlage die Eiweiße ganz steif und lass dabei den Puderzucker langsam einrieseln. Fülle den Eischnee in einen Spritzbeutel und spritze schuppenförmige Tupfen, Augen und einen Mund auf den Fisch.

5

Schiebe das Blech in den Ofen (unten) und backe den Fisch etwa 30 Minuten.

Marmorherzen

Wenn du die an deinem Geburtstag für die ganze Klasse zaubern möchtest, hast du gut zu tun...

Super einfach

Für 6 Herzen brauchst du:
180 g Mehl
1 kleinen Löffel Backpulver
100 g Zucker
1 Messerspitze Salz
100 g Crème fraîche
1 Ei
1 kleinen Löffel abgeriebene Orangenschale (unbehandelt!)
50 g Schokoraspel
75 g Zartbitter-Schokolade
2 große Löffel Sahne
Für die Verzierung:
150 g Puderzucker
1–2 kleine Löffel Zitronensaft

So lange brauchst du: 30 Minuten Arbeitszeit, 20 Minuten Backzeit (in Metall-Herzformen 25 Minuten)

Nach dem Erstarren kannst du kleine Gutscheine drauf setzen oder mit Zuckerschrift Grüße oder Wünsche darauf schreiben.

Stelle die Backform auf ein Backblech. Verrühre das Mehl mit Backpulver, Zucker, Salz, Joghurt, Crème fraîche, Ei und Orangenschale. Zieh die Schokoraspel unter. (Du kannst auch eine Tafel Schokolade in Stückchen hacken). Fülle den Teig in die Förmchen, so dass ein fingerbreiter Rand frei bleibt.

Heize den Backofen auf 200° vor. Zerkleinere die Schokolade und schmelze sie in einem Töpfchen vorsichtig mit der Sahne bei ganz schwacher Hitze.

Mache jeweils in die Herzmitte eine kleine Kuhle und verteile die Schokocreme in alle Kuhlen. Ziehe eine kleine Gabel spiralförmig durch den Teig.

Schieb das Blech in den Ofen (Mitte) und backe die Herzen etwa 20 Minuten. Nimm sie heraus und lass sie abkühlen, bevor du sie aus der Form nimmst.

Rühre für die Verzierung den Puderzucker mit dem Saft an und übergieße die Herzen damit.

Pink Käfer

Ein saftiger Kuchen für Dekokünstler, der aber einfach zu backen ist.

Für Profis

Für 12 Stück brauchst du:
250 g Butterkekse
1 unbehandelte Zitrone
150 g weiche Butter oder Margarine
150 g Zucker
1 Prise Salz
5 Eier
500 g Magerquark
1 kleinen Löffel Backpulver
200 g gehackte Mandeln
3-4 große Löffel Aprikosenkonfitüre
rote Lebensmittelfarbe
75 g Kakao-Glasur
150 g Puderzucker
Fett für die Form
Für die Dekoration:
z.B. Zuckerperlen, Schokotaler, Mandelstifte

So lange brauchst: 40 Minuten Arbeitszeit, 50 Minuten Backzeit

Arbeitsgeräte extra: 1 Springform von 22 cm Ø

1

Heize den Backofen auf 175° vor. Schiebe den Rost in die Ofenmitte. Zerbrösele die Kekse mit dem Nudelholz. Fette die Springform ein und streue sie mit etwas zerbröselten Keksen aus.

2

Wasche die Zitrone und reibe die Schale ab, presse den Saft aus.

3

Schlage das Fett cremig. Gib abwechselnd Zucker, Salz, Eier und den Quark dazu. Rühre jetzt die restlichen Kekse, Backpulver, 1 großen Löffel Zitronensaft, die abgeriebene Zitronenschale und die gehackten Mandeln unter.

4

Fülle die Masse in die Form und stelle sie auf den Rost. Backe den Kuchen etwa 50 Minuten. Nimm ihn aus dem Ofen und lass ihn abkühlen.

5

Nimm den Kuchen aus der Form. Jetzt wird er zurecht geschnitten. Dafür musst du etwa ein Drittel für den Kopf abschneiden. Den restlichen größeren Teil halbierst du, dies werden die Flügel.

6

Erwärme die Aprikosenkonfitüre und streiche sie dünn auf die Käferteile. Schmelze die Glasur im heißen Wasserbad und bestreiche den Kopf damit. Vermische den Puderzucker mit 2 großen Löffeln des restlichen Zitronensafts (eventuell auch noch ein paar Tropfen Wasser) und mische ein Rot deiner Wahl, indem du Lebensmittelfarbe tröpfchenweise dazu gibst. Damit überziehst du die Käferflügel. Die kannst du nun mit Zuckerperlen und Schokotalern dekorieren. Wenn die Glasur auf dem Kopf fest ist, kannst du noch Zuckerguss-Augen darauf setzen und verzieren.

Baisernester mit Schokosahne

Geheimtip aus Omas Küche. Schmeckt auch mit »weißer« Sahne und frischen Erdbeeren.

Für deine Gäste

Für 6 Stück brauchst du:
4 Eiweiße
250 g Zucker
1 Päckchen Vanillezucker
100 g Zartbitter-Schokolade
100 g Vollmilch-Schokolade
200 g Sahne

So lange brauchst du: 20 Minuten Arbeitszeit, Trockenzeit: 1 Stunde im Ofen und über Nacht

Arbeitsgeräte extra: Backpapier, Spritzbeutel

1
Heize den Backofen auf 150° vor. Lege ein Backblech mit Backpapier aus.

2
Schlage die Eiweiße mit den Quirlen des Handrührgeräts sehr steif, gib nach und nach den Zucker und den Vanillezucker dazu. Schlage den Schnee auf der niedrigsten Stufe so lange weiter, bis ein Messerschnitt im Eischnee sichtbar bleibt.

3
Fülle den Eischnee in einen Spritzbeutel und spritze Nester von etwa 10 cm Ø auf das Backpapier.

4
Schalte den Backofen aus. Schieb das Blech in den heißen Ofen und lass die Baisers bei offener Ofentür etwa 1 Stunde trocknen. Am besten lässt du sie dann noch über Nacht in der Küche stehen.

5
Dann bereitest du die Schokosahne zu. Breche die Schokolade in kleine Stücke. Gib sie mit der Sahne in einen Topf und schmelze sie bei ganz schwacher Hitze unter ständigem Rühren (Vorsicht, brennt leicht an!). Lass die Sahne vollständig abkühlen.

6
Schlage die kalte Schokosahne steif und fülle sie mit dem Spritzbeutel oder mit einem Löffel in die Nester.

Kirsch-Krümel-Kuchen

Für Anfänger der einfachste Kuchen der Welt – man muss nur krümeln können.

Für deine Gäste

Für 12 Stück brauchst du:
1 großes Glas Sauerkirschen
100 g Butter oder Margarine
100 g gehackte Mandeln
100 g Zucker
1 Päckchen Vanillezucker
1 Prise Salz
120 g Mehl

So lange brauchst du: 20 Minuten Arbeitszeit, 25 Minuten Backzeit (in einer normalen kleinen Springform 30 Minuten), 30 Minuten Kühlzeit

Arbeitsgerräte extra: 1 eckige Lurch-Form (22 cm Ø)

Heize den Backofen auf 180° vor.

Lass die Kirschen in einem Sieb abtropfen und fange den Saft auf (den kannst du trinken). Zerlasse das Fett in einer Pfanne. Verrühre das leicht abgekühlte Fett mit Mandeln, Zucker, dem Vanillezucker, Salz und dem Mehl. Diese Masse zerkrümelst du zwischen den Fingern oder mit einer Gabel zu Streuseln. (Achtung, nicht rühren!)

Streue die Hälfte der Brösel in die Form, verteile die Kirschen darauf und bestreue sie mit den restlichen Bröseln.

Backe den Kuchen im Ofen (Mitte) etwa 25 Minuten. Lass den Kuchen bei geöffneter Ofentür etwa 30 Minuten abkühlen, bevor du ihn aus der Form nimmst. Wenn du magst, kannst du ihn mit Puderzucker bestreuen.

!

Der Kuchen schmeckt auch toll mit Johannisbeeren, Stachelbeeren oder Rhabarber, den du in Stücke schneiden musst.

Apfel-Zuckerbrötchen

Schmeckt wie aus Hefeteig, ist aber ein einfacher Quark-Öl-Teig. Unbedingt ganz frisch essen.

Braucht etwas Zeit

Für 20 Stück brauchst du:
200 g Magerquark
100 ml Öl
100 g Zucker
1 Ei
3 kleine Löffel Backpulver
300 g Mehl
2 kleine säuerliche Äpfel (z.B. Boskop)
Mehl zum Arbeiten
Hagelzucker

So lange brauchst du: 40 Minuten Arbeitszeit, 35 Minuten Backzeit pro Blech

Arbeitsgeräte extra: Backpapier

Eventuell passen nicht alle Brötchen auf ein Blech. Dann leg den Rest schon mal auf ein passendes Stück Backpapier und stelle alles kühl. Die backst du, wenn das erste Blech fertig ist. Wenn ihr einen Umluftherd und zwei Backbleche habt, kannst du zwei Bleche gleichzeitig bei Umluft und 180° backen.

Verrühre den Quark mit Öl, Zucker und Ei. Mische das Mehl mit Backpulver und knete es nach und nach darunter.

Wasche, schäle und reibe die Äpfel auf einer Rohkostreibe. Knete sie unter den vorbereiteten Teig.

Heize den Backofen auf 200° vor und leg ein Backblech mit Backpapier aus. Mehle deine Hände ein, damit der Teig nicht an den Fingern kleben bleibt.

Forme den Teig zu kleinen Brötchen und lege sie auf das Backpapier. Schneide die Brötchen oben mit einer Küchenschere ein. Bestreiche sie mit Wasser und tauche sie in Hagelzucker. Schieb das Blech in den Ofen (Mitte) und backe die Brötchen etwa 35 Minuten.

Pink Käfer

1 Schneide den fertig gebackenen Kuchen in 3 Teile: Ein Drittel wird der Kopf, den größeren Teil halbierst du für die Flügel.

Backe, backe Kuchen…

Teig kneten kannst du am besten auf einer sauberen Arbeitsfläche, die du vorher mit Mehl bestreut hast.

2 Bestreiche die ausgeschnittenen Käferteile mit der dickflüssigen Glasur und lasse sie leicht antrocknen. Dann kannst du den Kuchen fertig dekorie-

Waffeln

Für die erste Waffel musst du das Waffeleisen leicht einfetten. Ein unbeschichtetes Eisen muss vor jeder Waffel neu gefettet werden.

Baisernester

1 Schlage die Eiweiße sehr steif und gib den Zucker langsam zu. Schlage auf niedriger Stufe weiter, bis ein Messerschnitt im Eischnee sichtbar bleibt.

2 Fülle die Masse in einen Spritzbeutel und spritze Nester auf ein vorbereitetes Backblech.

Windmühlen

1 Lege die Aprikosenhälfte mit der Schnittfläche auf den Teig. Schneide die Spitzen des Quadrats bis zur Aprikose ein und klappe sie zu Windmühlenflügeln um.

2 Streiche vorher erwärmte Aprikosenkonfitüre mit einem Pinsel auf die Windmühlenflügel (das nennt man Aprikotieren).

Stracciatella-Gugelhupf

Ein Klassiker für konservative Kuchen-Kids: Da kann einfach nichts schief gehen!

Super einfach

Für 20 Stück brauchst du:
120 g weiche Butter oder Margarine
100 g Zucker
1 Prise Salz
3 Eier
1 großen Löffel Zitronensaft
240 g Mehl
1 kleinen Löffel Backpulver
60 g Crème fraîche (2 große Löffel)
50 g Schokoraspel
Fett und Mehl für die Form
Puderzucker zum Bestäuben

So lange brauchst du: 30 Minuten Arbeitszeit, 1 Stunde Backzeit

Arbeitsgeräte extra: 1 Guglhupf-Form (1 l Inhalt), Backpapier

Der Guglhupf wird ein Zitronenkuchen, wenn du statt Schokoraspeln und Crème fraîche 1 kleinen Löffel abgeriebene Zitronenschale (unbehandelt!) und 2–3 große Löffel Saft nimmst.

1
Heize den Backofen auf 180° vor. Fette die Form gut ein und streue sie mit Mehl aus.

2
Rühre Fett, Zucker und Salz sehr cremig. Gib unter Rühren nach und nach die Eier und den Zitronensaft dazu. Mische Mehl mit Backpulver und rühre es in kleinen Portionen unter. Gib zum Schluss die Crème fraîche und die Schokorapsel dazu. Fülle den Teig in die Form.

3
Backe den Kuchen im Ofen (unten) etwa 1 Stunde. Wird er zu dunkel, decke ihn locker mit Backpapier ab. Lass ihn nach dem Backen kurz rasten, erst dann stürzen.

4
Nach dem Abkühlen kannst du ihn mit Puderzucker bestäuben.

Teilchen

Ganz einfach aus fertigem Blätterteig gebastelt, mit leckeren Füllungen.

Lassen sich prima vorbereiten

Für 10 Teilchen brauchst du:
5 längliche oder 10 quadratische Platten tiefgekühlter Blätterteig
1 Ei
100 g Aprikosenkonfitüre
Hagelzucker
Mandelblätter
Für 10 Windmühlen:
5 Aprikosen (oder 10 Hälften aus dem Glas)
oder für 10 Apfelteilchen:
3 Kochäpfel
2 große Löffel Zitronensaft
3 große Löffel Johannisbeergelee
oder für 10 Kirschtaschen:
1 kleines Glas Sauerkirschen
2-3 große Löffel Kirschmarmelade

So lange brauchst du: 20 Minuten Arbeitszeit, 15 Minuten Backzeit

Arbeitsgeräte extra: Backpapier

1

Lass die Blätterteigplatten getrennt voneinander etwa 20 Minuten auftauen. Teile die länglichen Platten quer in je zwei Quadrate. Heize den Backofen auf 200° vor. Lege ein Backblech mit Backpapier aus und verteile die Teigquadrate darauf.

2

Für Windmühlen wasche, halbiere und entkerne die Aprikosen. Lege auf jedes Teigquadrat 1 Aprikosenhälfte. Schneide die Spitzen des Vierecks bis zur Aprikose ein und knicke sie wie Windmühlenflügel um.

3

Für Apfelteilchen schäle die Äpfel. Steche mit einem Apfelausstecher die Kerngehäuse aus und schneide die Äpfel in daumendicke Ringe. Beträufele sie mit Zitronensaft, damit sie nicht braun werden. Lege die schönsten Apfelringe in die Mitte eines jeden Quadrats. In jedes Apfelloch kommt Gelee. Den Rest darfst du essen.

4

Für Kirschtaschen lass die Sauerkirschen in einem Sieb abtropfen. 1 Löffel Kirschen und etwas Marmelade in die Teigmitte geben, Teig übers Eck klappen, rundherum andrücken.

5

Für alle Teilchen gilt: Bestreiche sie mit dem verquirlten Ei, backe sie im Ofen (Mitte) etwa 15 Minuten. Verrühre die Aprikosenkonfitüre mit 1 großem Löffel heißem Wasser und pinsele sie auf die fertig gebackenen, noch warmen Teilchen. Jetzt kannst du sie mit Hagelzucker oder Mandelblättern bestreuen.

Schokotorte

Wenn schon, denn schon: Sieht aus wie eine Torte und schmeckt wie Pralinen…

Sieht toll aus

Für 16 Stück brauchst du:
150 g Vollmilch-Kuvertüre
150 g weiche Butter oder Margarine
150 g Zucker
1 Päckchen Vanillezucker
1 Prise Salz
4 Eier
300 g Mehl
2 gehäufte kleine Löffel Backpulver
140 g gemahlene Haselnüsse
eventuell etwas Mineralwasser
100 g Aprikosenkonfitüre
150 g Kakao-Fettglasur
bunte süße Dekoration

So lange brauchst du: 50 Minuten Arbeitszeit, 40 Minuten Backzeit (in einer normalen Springform etwa 50 Minuten Abkühlzeit)

Arbeitsgeräte extra: 1 Bärchenform (Lurch)

1

Heize den Backofen auf 200° vor. Stell die Form auf ein Backblech.

2

Zerschneide die Vollmilch-Kuvertüre, gib sie in einen Topf und schmelze sie auf einem heißen Wasserbad bei schwacher Hitze (das Wasser darf nicht kochen!), rühre dabei öfters um. Dann lass sie leicht abkühlen. Gib sie in eine Schüssel und rühre sie mit den Quirlen des Handrührgeräts oder der Küchenmaschine mit dem Fett, dem Zucker, dem Vanillezucker und Salz cremig. Schlage die Eier einzeln unter, rühre dabei weiter. Mische das Mehl, Backpulver und die Nüsse und rühre sie unter die Eiermasse. Dabei musst du so viel Mineralwasser dazugeben, dass ein zähflüssiger Teig entsteht.

3

Verteile den Teig gleichmäßig in der Form. Schiebe das Blech in den Ofen (Mitte) und backe den Kuchen etwa 40 Minuten. Löse dann den Rand und lass den Kuchen vollständig auskühlen.

4

Erwärme die Aprikosenkonfitüre und streiche sie durch ein Sieb. Überziehe damit den Kuchen.

5

Schmelze die Kakao-Fettglasur im heißen Wasserbad, streiche sie auf die Kuchenoberfläche und den Kuchenrand. Bevor die Glasur ganz fest ist, kannst du den Kuchen mit Schoko-Dekor und bunten Streuseln oder Gebäckschmuck verzieren.

Waffeln

Toll für kurz entschlossene Backaktionen mit Freunden: aus dem Waffeleisen in den Mund.

Lassen sich prima vorbereiten

Für etwa 6 Waffeln brauchst du:
75 g weiche Butter oder Margarine
50 g Zucker
3 Eier
125 g Quark (20% Fett)
250 g Mehl
1 kleinen Löffel Backpulver
etwa 150 ml fettarme Milch
Puderzucker zum Bestäuben

So lange brauchst du: 20 Minuten plus Backzeit

Arbeitsgeräte extra: Waffeleisen

1

Rühre das Fett mit dem Zucker cremig. Trenne die Eier und ziehe die Eigelbe mit dem Quark unter den Teig. Mische das Mehl mit dem Backpulver und rühre die Hälfte unter. Dann kommt die Hälfte der Milch dazu. Nun kannst du das restliche Mehl unterarbeiten.

2

Schlage die Eiweiße zu festem Schnee und ziehe sie unter den Teig. Zum Schluss rührst du so viel Milch unter, dass ein zähflüssiger Teig entsteht. Lass ihn etwa 10 Minuten quellen.

3

Heize das Waffeleisen an. Gib pro Waffel 1-1 1/2 Esslöffel Teig auf die untere Platte und schließe das Gerät. Backe nacheinander goldbraune Waffeln. Dabei musst du hin und wieder nachschauen, ob die Waffeln schon so weit sind. Wenn du magst, bestäube sie mit Puderzucker.

Je dünner du den Teig ins Eisen gibst, desto mehr Waffeln kannst du backen. Statt Milch kannst du auch Apfelsaft nehmen und statt Quark Maracuja-Joghurt.
Gut passt zu Waffeln immer rote Grütze (gibt's auch fertig zu kaufen).

Apfel-Blitzkuchen

Der Teig wird gerührt wie Pfannkuchen – aber gebacken wie Apfelkuchen.

Schnell

Für etwa 8 Stück brauchst du:
4 Eier
2 große Löffel Zucker
150 g Vanille-Joghurt
100 g Mehl
500 g Äpfel
Fett und Mehl für die Form
1–2 große Löffel Puderzucker

So lange brauchst du: 20 Minuten Arbeitszeit, 40 Minuten Backzeit

Arbeitsgeräte extra: 1 Keramik-Pieform oder eine Springform

Heize den Backofen auf 180° vor. Fette die Form und mehle sie aus.

Trenne die Eier in Eigelbe und Eiweiße. Rühre Eigelbe und Zucker cremig, gib abwechselnd Joghurt und Mehl dazu. Schlage die Eiweiße sehr steif und hebe sie unter den Teig.

Verteile den Teig gleichmäßig in der Form. Wasche die Äpfel, schäle und viertele sie. Entferne die Kerngehäuse. Schneide die Apfelviertel von oben her fächerförmig ein und verteile sie auf dem Teig.

Backe den Kuchen im Ofen (Mitte) etwa 40 Minuten. Anschließend bestäubst du ihn mit Puderzucker.

Wenn du magst, kannst du noch Zimt auf die Äpfel stäuben.
Der Kuchen schmeckt auch prima, wenn du Aprikosen- oder Pfirsichhälften, Kirschen oder entsteinte Pflaumen auf den Teig legst.

Pizza-Schnecken

Der Mix von knusprigem Blätterteig und weichem Hefeteig macht's.

Schnell

Für etwa 20 Stück brauchst du:
450 g tiefgekühlten Blätterteig
250 g tiefgekühlten Hefeteig
1 Ei
1 kleinen Löffel Pizzagewürz
4 große Löffel Tomatenmark
70 g dünn geschnittene Salami
100 g geriebenen Parmesankäse
225 g Tomaten
Mehl für die Arbeitsfläche

So lange brauchst du: 20 Minuten Arbeitszeit, 15 Minuten Backzeit

Arbeitsgeräte extra: Backpapier

1
Lege die Blätterteigplatten nebeneinander und lass sie, ebenso wie den Hefeteig, auftauen. Heize den Backofen auf 220° vor. Lege ein Backblech mit Backpapier aus (achte darauf, dass die richtige Seite oben ist).

2
Bestreue die Arbeitsfläche mit Mehl. Rolle den Hefeteig auf eine Größe von etwa 40 x 30 cm aus. Mische das Ei mit dem Gewürz und streiche die Hälfte des Eis dünn auf den Teig. Jetzt lege die Blätterteigplatten aufeinander und rolle sie genau so groß aus. Lege die Platte auf den Hefeteig.

3
Bestreiche den Teig mit Tomatenmark, lege die Salamischeiben darauf und bestreue alles mit Parmesan. Übergieße die Tomaten mit kochend heißem Wasser. Lege sie nach etwa 2 Minuten in kaltes Wasser, schäle sie und hacke sie klein. Sie kommen auf den Parmesan.

4
Rolle den Teig von der schmalen Seite auf und bestreiche ihn mit dem restlichen Ei. Schneide die Rolle in 2 cm dicke Scheiben und lege sie auf das Backblech. Schiebe das Blech in den Ofen (Mitte) und backe die Schnecken etwa 15 Minuten.

Überraschungsbrot

Super für Parties und Picknick: Dieses Brot muss nicht mehr belegt werden.

Braucht Zeit

Für 20 Scheiben brauchst du:
500 g Mehl
1 Päckchen Trockenhefe
400 ml Milch
1 großen Löffel Zucker
50 g Butter oder Margarine
2 Eier
1 großen Löffel Salz
250 g Cabanossi-Würste (etwa 5 dünne Würstchen)

So lange brauchst du: 25 Minuten Arbeitszeit, 2 Stunden Ruhezeit, 55-65 Minuten Backzeit (in einer normalen Form 65–75 Minuten)

Arbeitsgeräte extra: 1 Lurch- Kastenform (1 l Inhalt)

Die Backzeit ist für die Lurch-Backform. Für Blechformen erhöht sich die Zeit um 10 Minuten. Außerdem müssen diese Formen gefettet werden.

Mische das Mehl mit der Trockenhefe. Erwärme die Milch ein wenig mit dem Zucker und zerlasse das Fett. Knete nacheinander Milch, Fett, Eier und Salz unter das Mehl. Knete den Teig so lange mit den Händen, bis er sich vom Rand der Schüssel löst. Decke den Teig mit einem sauberen Tuch ab und lasse ihn an einem warmen Ort etwa 1 Stunde gehen.

Knete den Teig noch mal kräftig durch. Forme ihn zu einem länglichen Brotlaib und lege ihn in die Form. Drücke die Cabanossis hinein. Jetzt muss er noch 1 Stunde gehen.

Heize den Backofen auf 180° vor. Backe das Überraschungsbrot im Ofen (Mitte) 55–65 Minuten. Nimm es heraus, lass es in der Form etwas abkühlen und stürze es heraus.

33

LUSTIG, LECKER, MEHR!

Hits aus der trendy Küche

ISBN
3-7742-1999-0
36 Seiten

ISBN
3-7742-2208-8
36 Seiten

ISBN
3-7742-1903-6
36 Seiten

Gutgemacht. Gutgelaunt.

Impressum

© 2000 Gräfe und Unzer Verlag GmbH, München. Alle Rechte vorbehalten. Nachdruck, auch auszugsweise, sowie Verbreitung durch Film, Funk, Fernsehen und Internet, durch fotomechanische Wiedergabe, Tonträger und Datenverarbeitungssysteme jeder Art, nur mit schriftlicher Genehmigung des Verlages.

➤ *Temperaturangaben*

bei Gasherden können bei jedem Herd anders sein. Schau in der Gebrauchsanweisung nach, welche Stufe der jeweils angegebenen Temperatur entspricht. Bei Elektroherden können die Backzeiten je nach Herd variieren.

Redaktion: Catharina Wilhelm
Lektorat: Adelheid Schmidt-Thomé | *Umschlaggestaltung:* independent Medien - Design / Claudia Fillmann | *Illustrationen:* Annette Niepmann | *Farbfotos Innenteil:* Fotostudio Schmitz | *Herstellung:* Sandra Stiefel | *Satz:* Computersatz Wirth | *Reproduktionen:* Penta Repro | *Druck und Bindung:* Alcione

ISBN: 3-7742-2000-X

Auflage:	5.	4.	3.	2.	1.
Jahr:	2004	2003	2002	2001	2000